DE L'ÉTABLISSEMENT

D'UN

JURY SPÉCIAL

D'EXPROPRIATION PUBLIQUE

EN

ALGÉRIE

En principe, aux yeux maternels de la loi civile, l'intérêt particulier d'un citoyen est aussi sacré que l'intérêt général de la Cité tout entière.

Ad reges prosectas eminens.... ad singulos proprietas.

Sénèque.

ALGER

IMPRIMERIE ALGÉRIENNE DE DUBOS

—

1860

N'en déplaise au plus paradoxal des sophistes contemporains, la *Propriété*, prise dans son sens vulgaire et juridique, la propriété, tant collective qu'individuelle, — personnelle comme la *Liberté* qu'elle suppose, — inviolable comme la *Nature* qui la crée, — immuable comme la *Raison* qui la proclame, — sacrée comme la *Loi* qui la sanctionne, — la propriété est tout à la fois la condition, l'âme, la base et le couronnement de la *Société* humaine.

Pas de propriété, pas de société! Aussi, après les attentats contre les *personnes*, rien de plus contraire à l'ordre social que tout fait quelconque qui, directement ou indirectement, porte atteinte à la propriété, soit en *dépouillant*, soit en *privant* de sa *chose*, avec ou sans violence, l'homme que la nature, la raison, la société et la loi autorisent de concert, à en dire : « Ceci est à moi. »

Vol ou *expropriation*, — le premier et le plus impérieux besoin de la société, — c'est le droit *pénal* ou *criminel* qui réprime l'un, le droit *civil* et *administratif* qui règle l'autre.

Mais si, pour toute société *adulte*, l'exercice régulier et complet du droit de propriété, qui n'est que la réalisation de la justice dans ses rapports avec les *biens* de l'homme, est une question grave, quelquefois même une question de vie ou de mort, à plus forte raison en sera-t-il ainsi pour une société *naissante*, ou pour une *colonie* jeune encore, telle que l'*Algérie*.

C'est qu'une pareille colonie est et doit être dans les mains de la métropole ce qu'est un enfant dans les mains de sa mère. Avant tout, elle a son éducation *sociale* à faire, et le *respect* de la propriété est la pierre angulaire de cette éducation.

Respect de la propriété! respect par tous et pour tous! respect par l'individu, mais aussi respect par l'État!

Mais ce respect, comment descendra-t-il du faîte au fondement, et d'assises en assises, dans toutes les parties de l'édifice social?

Evidemment, en s'incarnant toujours de plus en plus profondément, si j'ose le dire, dans les Lois, dans les Institutions et les Mœurs, jusqu'au jour où, à l'instar de la mère-patrie, la colonie ne le verra s'incliner que devant le respect d'un principe rival et supérieur au principe de la propriété elle-même, — la nécessité d'immoler l'intérêt particulier à l'intérêt général, le droit de propriété *privée* au droit d'expropriation *publique*.

Le progrès, l'achèvement de l'éducation métropolitaine d'une colonie est à ce prix.

Ainsi le veut la raison théorique et pratique, et c'est ce que démontre l'histoire de la propriété algérienne depuis la Conquête. Or, de tous les points de droit ou de législation que nous avons déjà étudiés, ou que nous étudierons plus tard, l'*Expropriation* pour cause d'utilité publique est un des plus coloniaux et des plus *algériens*.

A ce double titre, nous livrons cette Etude au plus sérieux examen des hommes, nous allions dire de l'homme (1) à qui est confié *l'avenir* de notre colonie.

Pour nous, faut-il le répéter? (2) cet avenir est tout entier, quoi qu'en pensent certains esprits impatients et peu réfléchis, dans son *assimilation* avec la France, — mais dans cette assimilation graduelle, progressive, devançant quelquefois le temps, mais presque toujours marchant à sa suite, que voulait Bacon pour les colonies de son pays, que pratiquait Rome chez les Anciens, que poursuit l'Angleterre parmi les Modernes, que la France s'attache

(1) Le maréchal Pélissier, gouverneur-général de l'Algérie.

(2) Voir notamment nos *Etudes* sur les *Agréés*, le *Barreau* et la *Question juive*.

incessamment à réaliser en Algérie depuis trente ans, — sans soubresaut intempestif, sans secousse violente, — sans brusque transition.

Eh! qu'est-ce, à tout prendre, que la colonisation? Un arbre exotique (1). Qu'on en hâte la croissance et le développement normal par des institutions naturelles et fécondes, c'est là ce que nous demandons! mais ce que nous ne voulons pas, ce à quoi nous nous opposerons de toute notre énergie, c'est qu'on cherche à les forcer par des moyens impuissants et factices!

Sans doute, bien qu'il ait grandi sur un sol algérien, mais désormais moins *algérien* que *français*, cet arbre a jusqu'ici donné plus de fleurs que de fruits! — Mais à qui la faute, ô fanatiques adorateurs de l'idée *à priori* et de la théorie abstraite! à qui la faute, s'il vous plaît, sinon à cette rétive Nature qui, elle aussi, « fait bien ce qu'elle fait? »

Quoi qu'il en soit, convaincu que l'Expropriation *comme* en France serait pour l'Algérie un de ses fruits les plus beaux et les plus précieux, — et qu'il est *opportun* de le lui demander, nous venons exposer, et, autant qu'il est en nous, vulgariser notre conviction.

Tel est le but de ce travail.

Alger, 10 décembre 1860.

C. FRÉGIER.

(1) Bacon, dans ses *Essais de morale et de politique*, appelle les Colonies des *Plantations* d'hommes.

DE L'ÉTABLISSEMENT

D'UN JURY D'EXPROPRIATION PUBLIQUE

EN ALGÉRIE

Pour l'État qui, dans un but d'utilité publique, prend sa propriété à un citoyen, — tout comme pour le citoyen à qui l'État prend sa propriété, — qu'est-ce qui est préférable, au point de vue de l'indemnité dûe à celui-ci, d'un tribunal composé de trois juges, ou d'un jury composé d douze propriétaires?

Et comme moyen d'instruction, pour arriver à la fixation de cette indemnité, qu'est-ce qui vaut mieux, tant pour le citoyen que pour l'Etat, de mémoires produits par les parties et de conclusions écrites du Ministère public, — le tout examiné en chambre de Conseil, — en d'autres termes d'une instruction secrète, — ou d'observations et discussions orales de la part des parties, de leurs représentants ou avocats, — c'est-à-dire d'une instruction publique?

A ces deux questions, la France, par sa loi de 1841, a répondu d'une façon, et, par sa loi de 1851, l'Algérie a répondu d'une autre, — la France, en déférant au jugement du *pays* l'appréciation de l'indemnité, l'Algérie, en la confiant aux tribunaux, — la France, en recourant à la publicité, l'Algérie, en s'adressant au secret — de la discussion.

Laquelle des deux a raison?

C'est ce nous apprendront leur histoire et leur législation respectives.

I

La solution de notre problème n'est donc autre que la solution de cette question :

Est-il opportun d'établir pour l'expropriation publique en Algérie les mêmes formes et les mêmes règles qu'en France ?

Oui, répondrons-nous sans hésiter, oui ! car c'est ce que demandent et la situation légale de la propriété, et la situation morale des propriétaires en Algérie.

La propriété immobilière étant la matière de l'expropriation, il n'y a et ne peut y avoir d'expropriation proprement dite, d'expropriation véritable, que là où la propriété est certaine quant à son *objet* et à son *sujet*, quant à la *chose appropriée* et quant à la *personne-propriétaire*.

Voilà pourquoi, tant que, sous ce double rapport, la propriété n'a été ni suffisamment ni définitivement constituée en Algérie, tant que, par exemple, le législateur a été obligé d'ordonner, sous peine de déchéance, des exhibitions de titres, des justifications de possessions, des délimitations de contenances, il n'a pas été et il ne pouvait pas être sérieusement question en Algérie d'expropriation *comme en France*.

On sait quelles sont les lenteurs d'une procédure d'expropriation dans la Métropole. Comment notre colonie, déjà condamnée à subir celles, si nombreuses qu'elles en étaient presque interminables, d'instances en productions de titres, en revendication, en délimitation, toutes fécondes en incidents de toute espèce, comment, dis-je, la colonie, malgré ses grands exemples de patience (1), se serait-elle résignée à supporter, en outre, les lenteurs de l'expropriation métropolitaine ? Plutôt que de passer par ces fourches caudines, elle préféra, et nous le comprenons sans peine,

____

(1) Tacite.

à la régularité des formes protectrices du Droit, mais peu compatibles avec ses besoins, ses aspirations et ses tendances, une célérité de réalisation d'autant plus nécessaire que trop souvent, sans elle, la forme eût emporté le fond. Pour les colonies surtout, alors qu'elles en sont encore à leur période d'incubation, le temps, c'est de l'argent, et, à leurs yeux, arriver vite et bien, même par des voies irrégulières ou illégales, vaut mieux qu'arriver lentement et mal par des voies légales et régulières.

Mais tel ne pouvait toujours être l'état de la propriété algérienne. Comme ce qui est violent, ce qui est anormal ne dure pas longtemps. Après la confusion et les anomalies inévitables des premiers jours de la conquête, devait venir le tour de l'ordre et de la règle. Ouvrez les recueils de notre législation coloniale. De 1830 à 1851, depuis la Conquête jusqu'à la constitution de la propriété algérienne, vous voyez, à chaque page, la loi de la métropole intervenir, plus ou moins directement, entre la propriété et le propriétaire, tantôt pour implanter, tantôt pour développer, pour défendre ou pour protéger, toujours pour inspirer et pour répandre son influence d'assimilation civilisatrice avec la France.

Grâce à cette incessante et vraiment française intervention pour élever la propriété sur des bases certaines, fixes, invariables, la propriété algérienne a successivement renversé l'un des plus redoutables obstacles de toute colonisation, — l'incertitude et l'instabilité de la propriété immobilière, urbaine et rurale, sans distinction.

Aujourd'hui plus d'obscurité, plus d'anarchie, plus ou *presque* plus d'incertitude dans la propriété ! Les droits immobiliers sont constatés, vérifiés, épurés, fixés, garantis, et le vœu de l'ordonnance royale de 1844, qui n'était elle-même que l'expression du vœu collectif de l'Algérie et de la France, a été, à plus d'un égard, accompli par la loi de 1851, — consécration et palladium solennel de la propriété algérienne, — vraie Loi des XII Tables pour la colonie, — Charte de droit commun, susceptible assurément, d'extension, de progrès et de perfectionnement, mais qui a pour jamais inauguré les principes, posé les bases, et formulé, de ce coté de la Méditerranée, les règles de la propriété métropolitaine.

A ceux qui douteraient de cette affirmation, que nous croyons incontestable, nous dirions volontiers : « Mettez cette loi de 1851 en face de l'ordonnance de 1844, confrontez leurs principales dispositions, rapprochez-les ensuite de la loi française, et osez prétendre après cela, que, dans le cours de sept ans, l'exception n'a pas insensiblement fait place à la règle, le droit particulier de l'Algérie au droit général de la France !

En voulez-vous la preuve éclatante ?

L'article 11 de la Constitution, reproduisant, à peu de chose près, l'article 545 du code Napoléon, déclare que toutes les propriétés sont inviolables, mais que néanmoins l'État peut exiger le sacrifice d'une propriété pour cause d'utilité publique légalement constatée et moyennant une juste et préalable indemnité.

Et à leur tour, les articles 16 et 18 de notre loi de 1851 veulent qu'en Algérie la propriété soit inviolable, sans distinction entre les possesseurs indigènes et les possesseurs français et autres, et que l'État ne puisse exiger le sacrifice des propriétés ou des droits de jouissance que pour cause d'utilité publique légalement constatée et moyennant le paiement ou la consignation d'une juste et préalable indemnité.

Ainsi, impossible de le nier, identité d'idées, identité de termes, identité de lois ! — Quoi de plus significatif ?

Voilà pour le principe : nous verrons bientôt les conséquenc s.

Affirmons donc de nouveau, et sans crainte, qu'en thèse générale, par l'effet d'une législation semblable à celle de la France, la propriété algérienne a acquis cette fixité, cette constance, cette certitude, première condition de l'expropriation publique, et ajoutons avec le Ministre rapporteur du décret impérial qui prescrit la promulgation en Algérie de la législation relative au Crédit foncier (1);

« La constitution de la propriété dans la colonie repose sur les principes, sur les bases même de notre droit commun, et les titres que beaucoup de propriétaires ont entre leurs mains, sont, en général, tout aussi réguliers que ceux qui existent en France. »

Or, s'il en est ainsi, et ce qui le démontre avec évidence, c'est l'établissement du Crédit foncier en Algérie, le Crédit foncier si prudent, d'autres disent, si scrupuleux, — l'expropriation publique, comme en France, ne rencontre pas ici d'obstacle sérieux du côté de la propriété.

En rencontrerait-elle du côté des propriétaires? Examinons.

II

Toute colonie à son berceau s'alimente d'une population flottante, composée presque tout entière de gens qui viennent sur une terre vierge des mille embarras sociaux qui trop souvent encombrent leur terre natale, tenter de plus heureux destins, — population essentiellement changeante qui, pareille aux feuilles du Poëte romain, se renouvelle sans cesse pendant plusieurs années, ici, par suite d'une mortalité multiple due aux épreuves du climat, là, par suite de déceptions, de découragements, — aujourd'hui sous la pression d'une fortune adverse, demain sous l'influence d'une fortune prospère qui ramène sa victime ou son favori dans les champs paternels.

Cela est fatal et tient à la nature même des choses. Aux débuts d'une colonie, rien n'y est encore fondé,

(1) 10 mars 1860.

tout s'y fonde, rien n'y est normal, tout y est irrégulier, hommes et choses, mœurs et institutions : ce n'est qu'à la longue, après des fluctuations et des phases aussi nombreuses que diverses, que l'ordre, que la loi, et avec l'un et l'autre la propriété, se constituent, se consolident, s'établissent et se fixent.

Mais qui dit propriété dit propriétaires, et qui dit propriétaires dit gens attachés au sol constitutif de la propriété, vivant de lui, vivant pour lui, et participant, en quelque manière, à sa fixité et à son immobilité.

Or, quand la propriété est parvenue à un tel degré de développement qu'elle peut, sans difficulté, être possédée, cultivée, vivifiée par l'habitation personnelle de son propriétaire, ne craignez pas de proclamer hautement que le moment est venu pour elle de se transmettre, de s'affermer, de s'aliéner, de subir l'expropriation privée ou publique, avec les mêmes formes et sous les mêmes conditions que dans la métropole.

C'est ainsi que la propriété doit au propriétaire, et le propriétaire doit à la propriété, d'appeler sur un sol, hier encore régi par des lois forcément exceptionnelles et *ondoyantes*, la régularité et la fixité de la loi métropolitaine.

Nous venons d'esquisser *à priori* l'histoire agricole et foncière de toutes les colonies.

Tenons donc pour constant que si la propriété y est certaine, non moins certains y seront les propriétaires. Or, la certitude de la propriété engendre la certitude des propriétaires, et de leur union naît ou doit naître pour elles *l'expropriation* de la métropole.

III

Voyons maintenant, en quelques mots, si pour l'Algérie en particulier, les enseignements de l'histoire concordent avec les données de la raison.

Pour qui le contemple des sublimes hauteurs de la philosophie et de la religion, le Droit est éternel et immuable comme Dieu, la loi est *éphémère* et variable comme l'homme, et la Législation, fille du Droit et de la Loi, est tout à la fois immuable comme les principes de l'un, variable comme les formes de l'autre.

Si cela est vrai de tout droit et de toute loi, en général, combien ne le sera-t-il pas de leur application à une Colonie, c'est-à-dire à une société en état de formation, où, sous peine d'être voué à une impuissance fatale, le droit suivra toutes ses évolutions, réflètera toutes ses phases, subira tous ses besoins et toutes ses nécessités? Aussi l'intelligence de sa législation se lie-t-elle intimement à la connaissance de son histoire.

Etudions-en donc les origines, les progrès et les developpements à toutes les époques. — Ce coup d'œil historique nous montrera dans le passé la raison du présent, et dans le présent le germe de l'avenir de l'Algérie dans ses rapports avec les lois de l'expropriation.

Loin de nous la pensée de retracer ici toutes les vicissitudes de ces lois en Algérie !

Nous nous contenterons de parcourir à vol d'oiseau cette partie si intéressante de son Droit administratif, laissant à nos lecteurs le soin de consulter l'excellent Recueil de M. de Ménerville, pour les étudier une à une, suivant leur date et leur importance respectives.

Mais qu'on nous permette une réflexion préliminaire!

En dépit de l'opinion commune, et tout en admettant l'origine toute française de l'expropriation publique, en tant qu'organisée et règlementée par des textes de lois, nous pensons qu'il résulte de plusieurs fragments du Digeste et du Code, et de plus d'un document historique du temps de la République et de l'Empire, que l'expropriation était connue et pratiquée chez le Peuple-Roi.

Et nous ne devons pas en être surpris ! Le droit d'expropriation est aussi ancien que la plus ancienne des sociétés politiques. A en juger par certains textes de l'histoire de la royauté judaïque, rares rayons échappés du foyer le plus antique et peut-être le plus universel du Droit social des premiers âges de l'Humanité, l'État était tenu d'offrir à l'homme qu'il privait de son bien, même dans un but d'utilité religieuse (pour bâtir un autel au Seigneur), son équivalent en argent (1).

Nous sommes donc fondé à croire que de Jérusalem à Rome, de Rome à Paris, et de Paris dans l'univers civilisé, sous un nom ou sous un autre, ici sous forme d'indemnité, là sous forme d'échange, — ailleurs, à titre de compensation, — le droit d'expropriation, nécessité par les besoins de la civilisation, a été partout reconnu, partout proclamé, partout pratiqué.

Telle est, d'ailleurs, la destinée de tout droit, émanation de ce Droit de *l'univers*, si bien nommé et si magnifiquement décrit par Montesquieu.

Cela dit, consacrons quelques lignes au droit actuel d'expropriation en France ; nous aborderons ensuite celui de l'Algérie.

L'Expropriation française, en tant qu'institution publique, adoptée par les lois en même temps qu'admise par les mœurs, n'est pas de vieille date ; elle ne remonte guère qu'au 14 septembre 1791. Avant cette époque, il est vrai, il y avait eu comme des velléités, des tentatives de cette institution ; mais elles avaient toutes avorté, ou peu s'en faut, devant les obstacles aussi nombreux que compliqués d'une législation multiple, je dirais presque *multiforme*, qui comptait autant de dispositions différentes et quelquefois même contraires que de localités et de coutumes.

A l'Assemblée constituante, si célèbre par ses vues de justice et d'équité, devait être réservée la mission d'inscrire dans le nouveau système de la législation fran-

____

(1) *Paralip.*, 1, 21, 22.

çaise, un principe vaguement pressenti plutôt que légalement défini jusqu'à elle. Elle le fit comme elle avait
l'habitude de faire toutes choses, — grandement, large-
ment, en termes précis et solennels.

Lisez l'art. 14 de son immortelle Constitution ! — Quoi
de plus clair, de plus lumineux, de plus saisissant !

Mais qu'il y avait loin encore de cette déclaration de
principe à l'application de ses conséquences !

Aussi voyez ce qui advint !

De 1791 à 1807, même après l'art. 545 du Code civil,
le principe reste inerte, et, pour ainsi parler, à l'état de
lettre morte. — Sauf des légères différences, la *nouvelle*
expropriation rappelle l'ancien *retrait* d'utilité publique.
— Il fallait la règlementer, l'organiser, et la loi du 18
septembre 1807 fut la première à s'en charger. — Corol-
laire d'une législation générale qui, excepté dans les
matières purement civiles, faisait intervenir partout, dans
la personne de l'Administration, le droit éminent, souve-
rain de l'État, — cette loi abandonna à l'autorité administrative le jugement suprême de toute contestation con-
cernant soit la déclaration *d'utilité publique*, soit le règlement de l'indemnité préalable ; si bien que, sous ce système,
la propriété qui passait des mains des particuliers dans
celles de l'État manquait des garanties qu'elle avait le
droit d'obtenir.

La pratique de cette loi ne tarda pas d'en révéler les
inconvénients, et de donner naissance à des abus. — On
s'empressa d'y remédier, par la loi, plus libérale et plus
conforme à l'esprit du Code civil, du 8 mars 1810, dont
les bases furent posées par l'Empereur lui-même. — Ces
bases qui concilièrent dans une plus juste proportion le
respect dû à la propriété avec les exigences de la chose
publique, étaient, d'une part, la déclaration par l'Administration du fait d'utilité publique, et comme conséquence,
la désignation par elle des fonds à exproprier, le tout
sous le bénéfice de certaines garanties au profit des citoyens

— de l'autre, le *prononcé* de l'expropriation par l'autorité judiciaire, et, s'il y avait lieu, c'est-à-dire en cas de contestation, la fixation par elle de l'indemnité.

Mais cette loi elle-même n'échappa pas entièrement à la critique des Publicistes. Si, sous la loi de 1807, l'Administration était juge dans sa propre cause, sous celle de 1810 les propriétaires étaient, en fait, leur propre juge, et cela par l'influence, sans doute, d'un esprit de réaction. Les évaluations d'indemnité faites par les tribunaux étaient si énormes qu'on sentit bientôt le besoin de mettre un terme à une situation devenue intolérable pour les intérêts du trésor, — et vingt-trois ans plus tard, sous le souffle des idées anglaises et américaines, fut édictée la loi du 7 juillet 1833 qui, entr'autres améliorations, introduisit dans la législation un jury spécial, et devant ce jury, une procédure spéciale pour le règlement des indemnités.

Sept ans après, grâce au développement inouï des travaux publics, le 3 mai 1841, nouvelle loi qui, en simplifiant et abrégeant les formes de la procédure, attribua en cas d'urgence, à l'Administration, des droits extraordinaires, et améliora, en se les appropriant, les principales dispositions de la loi de 1833.

Elle se résume en ceci :

Au pouvoir exécutif, ou au pouvoir législatif, suivant les cas, les déclarations d'utilité publique ;

A l'autorité administrative, la désignation des propriétés à exproprier ;

A l'autorité judiciaire, *le prononcé* de l'expropriation ;

A un *jury spécial*, la fixation de l'indemnité.

De ces quatre bases de l'expropriation métropolitaine, ne parlons que de la dernière. Elle est de toutes les modifications apportées à la législation primitive en cette matière, la plus récente, la plus grave et la plus intéressante.

Mais avant d'examiner les conditions et d'en apprécier

la portée, résumons brièvement l'histoire de l'expropriation algérienne.

Cela est d'autant plus nécessaire que, de la comparaison de cette histoire avec celle de l'expropriation française, résultera naturellement la preuve, que, loin que rien empêche, tout, au contraire, favorise et provoque aujourd'hui parmi nous l'établissement du jury spécial de la métropole.

IV

Dès le lendemain de la Conquête, placé d'un côté en présence d'une Capitulation qui garantissait les biens des vaincus, — en second lieu, d'une multitude d'acquisitions urbaines et rurales faites par d'avides spéculateurs, et, en troisième lieu, de la nécessité absolue et urgente de procéder à des travaux d'utilité générale, d'une exécution impossible sans l'attribution préalable et instantanée de la chose d'autrui à l'État, — le législateur algérien, il faut en convenir, ne pouvait ni ne devait se préoccuper beaucoup des formes à suivre en matière d'expropriation.

A proprement parler, ce n'est qu'en 1833 que l'Algérie posséda un règlement particulier pour l'expropriation publique. Jusqu'au 1er septembre de cette année, elle ne paraît pas avoir joui, en fait, des garanties métropolitaines, et spécialement en ce qui touche l'indemnité des propriétés frappées d'expropriation. Le droit à cette indemnité fut reconnu, il est vrai, dès les premiers jours de la Conquête.—Mais en l'absence de tout système complet d'administration régulière, il était impossible que ce droit fût constitué et sanctionné à l'instar de la France. — A cette époque de chaos juridique et civil, il fallait que l'Administration fût tout où qu'elle ne fût rien.

Quoi qu'il en soit, quand la lumière se fut faite et que l'ordre légal put apparaître et s'établir dans notre colonie e   onhaire, un arrêté rendu par le Gouverneur général et par l'I ntendant civil (17 octobre 1833) inaugura en Algérie un droit d'expropriation qui, pour différer à plusieurs égards du droit métropolitain, n'emprunta pas moins à celui-ci son point e départ et quelques-uns de ses développements.

Tout en visant les lois des 16 septembre 1807, 8 mars 1810 et 7 juillet 1833, cet arrêté reconnut l'impossibilité d'appliquer à l'ancienne Régence d'Alger tous les principes de la législation française sur l'expropriation. Et il eut raison. Les besoins urgents de l'Armée, la situation anormale de l'administration coloniale, la nécessité d'entreprendre sans retard des travaux publics d'un caractère à part, tout lui imposait le devoir d'abréger certains délais, et de proscrire certaines formes commandées par les lois de la métropole.

Mais, et cette remarque n'est pas sans importance, en même temps qu'il visait ces lois pour les modifier et les adapter aux nécessités locales, il visait aussi les arrêtés antérieurs et proclamait ainsi à plusieurs reprises, le principe de l'indemnité, réglée et fixée, définitivement et sans appel, sur les bases d'une estimation à dire d'experts.

Or, en vertu du Règlement d'expropriation algérienne, pas de déclaration d'utilité publique préalablement délibérée en Conseil d'administration, — pas de jugement fixant l'indemnité, — deux lacunes que devait combler la décision ministérielle du 4 novembre 1855.

Un autre arrêté du Gouverneur-général et de l'Intendant civil, du 7 octobre 1833, étendit aux marais non desséchés les dispositions de ce Règlement.

C'était un grand pas de fait, sans doute, vers l'assimilation ; mais il en restait un plus grand à faire. L'arrêté du Gouverneur général, du 15 mars 1841, le tenta. Aux termes de ses articles 9 et 23, l'indemnité pour occupation ou expropriation définitive fut réglée, non plus par le Gouverneur général seul ou de concert avec l'Intendant, — non plus même par ces deux fonctionnaires en-

semble, après avoir entendu le Conseil du Gouverne-
ment, — mais bien par décision de ce Conseil lui-même,
décision rendue exécutoire par le Ministre.

Cependant, ne nous le dissimulons pas, si protectrices
que fussent du droit de propriété les dispositions de
notre arrêté, elles étaient loin de présenter pour la propriété algérienne les mêmes garanties, la même tutelle
que la loi de 1841. — Sur plusieurs points s'y faisait
remarquer le cachet algérien, la prédominance du droit
de l'Etat sur celui des particuliers, de la loi d'exception
sur la loi générale, du droit spécial de l'Algérie sur le
droit commun de la France.

En résumé, le principe de l'expropriation publique fut
proclamé en Algérie comme il l'avait été en France, mais
avec plusieurs modifications de formes plutôt que de fond,
nécessitées par des circonstances de temps, de lieux et
de personnes.

En cela, rien que de rationnel et de digne de l'appro-
bation des jurisconsultes et des publicistes, — le premier
soin d'un bon législateur devant être de ne violenter ni
les choses ni les hommes, et d'accommoder sagement ses
moyens d'action au but supérieur qu'il veut atteindre.

Or, ce qu'il fallait avant tout, en Algérie, c'était, comme
le prouvent sans réplique les documents de son histoire
et les faits consignés dans de nombreux rapports et actes
administratifs, — c'était la certitude pour les individus de
disposer tel jour et à telle heure, de tel immeuble, par une
procédure aussi simple que rapide. En d'autres termes,
le régime civil, encore à son début, lorsque déjà le
régime militaire avait considérablement grandi sur un
sol dû à l'épée victorieuse de la France, devait, jusqu'à
des temps ultérieurs et impossibles à indiquer d'avance,
régner — sinon en souveraine, et d'une manière exclusive,
tout au moins, prendre le pas sur un régime purement
civil, sauf à celui-ci de marcher ensuite à coté de lui ou
même de le devancer.

Cela revient à dire que, pour l'Expropriation publique, de même que pour une foule d'institutions de Droit civil alors prématurées, mais de nos jours implantées en Algérie, le temps, ce grand faiseur et défaiseur des choses humaines, le temps était de tous les éléments d'assimilation algérienne avec la France, celui avec lequel il importait le plus de compter.

Vint enfin l'ordonnance du 21 octobre 1844, qui constitua définitivement la propriété en Algérie et eut pour but, dans son titre LVI de l'Expropriation et de l'occupation temporaire pour cause d'utilité publique, de rapprocher davantage la loi coloniale de la loi métropolitaine ; tout ce qui touche les formes de l'expropriation, le réglement, l'attribution et le jugement de l'indemnité, y fut l'objet de la sollicitude la plus scrupuleuse et la plus digne de la France : on y voit que le législateur de l'Algérie prit la loi de 1841 pour modèle. A partir de cette ordonnance, l'expropriation dût être prononcée par décision du Ministre de la Guerre, non plus seulement sur l'avis du Conseil d'administration, mais encore sur celui du Gouverneur général. — C'est ainsi encore que la fixation de l'indemnité, attribuée jusque-là au Conseil d'administration, fut désormais dévolue souverainement et sans appel au Tribunal civil de la situation de l'immeuble exproprié.

Nous ne l'analyserons pas ; il nous suffira de dire que l'esprit progressif et législateur de la France s'y révèle par deux de ses prescriptions les plus importantes, — l'une qui entoure de formes plus solennelles la déclaration d'utilité publique, — l'autre qui veut qu'en cas de difficultés sur la propriété des immeubles sujets à expropriation, et sur l'attribution de l'indemnité, les tribunaux ordinaires soient seul appelés à en connaître.

On marchait vers le Droit commun ; le Droit, entré à la suite de notre armée victorieuse, dans l'Afrique française, tendait à prendre sa place légitime à côté du signe de la force.

Or, combinez cette loi avec celle de 1851, et vous cons-
taterez avec nous que, soit qu'il s'agisse d'occupation définitive, soit qu'il ne s'agisse que d'occupation temporaire,
s'il est entre elles une différence saillante, c'est à l'é-
gard de l'autorité chargée de régler l'indemnité.

Cette autorité, en Algérie, c'est aujourd'hui encore
l'autorité judiciaire ; en France, c'est un jury spécial.

Pourquoi cette différence, nécessaire peut-être en 1844,
mais, nous allons le prouver, sans raison d'être en 1860 ?

Serait-ce, comme on l'a prétendu, parce que les conditions d'un jury d'expropriation n'existent pas comme
en France ?

Question grave, et qui a plus d'une affinité avec les
plus hautes questions de colonisation et de civilisation !
Etudions-la sous chacun de ses principaux aspects.

V

Et tout d'abord, qu'on ne rétorque pas contre nous
l'argumentation que nous avons exposée ailleurs sur ou
plutôt contre l'établissement d'un jury criminel en
Algérie.

Entre un jury d'expropriation et un jury de jugement,
il y a un mur de séparation profonde, infranchissable.
Autre, en effet, est la mission de juger ses semblables ou
d'apprécier un fait matériel en même temps qu'une
intention morale, — autre le mandat de juger la valeur
d'une propriété, ou d'apprécier une question générale-
ment toute matérielle.

Sans doute, au jury d'expropriation il faut aussi tout
à la fois capacité intellectuelle et capacité morale, — la
connaissance du vrai prix de la chose expropriée, et la
ferme volonté de le proclamer, — l'instruction et la pro-

(1) *Akhbar*, juillet et août 1859. *Du Jury en Algérie.*

bité —; mais hors de là, rien de commun entre le jury d'expropriation et le jury de jugement.

Je ne considère comme points de contact, ni l'analogie, ni même l'identité de nomination, d'organisation, de nombre et de nature de fonctions. Ce sont là tout autant de rapports *extrinsèques*, compatibles avec des dissemblances profondes dans les conditions *intrinsèques* de leur existence, de leur mode d'action et de leur but.

J'appelle ainsi tout ce qui a trait à ce but et à ce mode d'action.

Le juré d'expropriation est un *juré civil*, qui se charge de statuer sur une matière purement civile, ou plutôt sur un fait purement matériel, abstraction faite de toute question d'intention et, en général du moins, de toute appréciation morale. — Que vaut cette propriété ? — Quel est le prix de ce terrain ? —Pour répondre à ces questions, de quoi aura-t-il besoin ? De connaître le Droit ? évidemment non ! pas plus que le juré criminel. — De rechercher et de peser les circonstances morales qui ont précédé, accompagné et suivi le fait? — Pas le moins du monde ! Deux choses seulement lui seront nécessaires : — l'habitude préalable de l'appréciation des propriétés immobilières, et l'impartialité de cette appréciation.

Or, ces deux choses, je soutiens qu'il ne sera pas difficile de les trouver réunies à un degré très-suffisant, peut-être même à un degré peu commun, chez la plupart des propriétaires ou agriculteurs, citadins ou campagnards, qui, depuis un certain nombre d'années, habitent la colonie comme agriculteurs ou comme propriétaires.

Mais, nous dira-t-on encore, nous vous accordons vos douze jurés intelligents et justes. Seront-ils assez initiés au mouvement, aux aspirations de la vie publique, pour comprendre tout ce que leur ministère leur demande de dévouement et de sagesse?

Le dévouement? mais est-ce que, par hazard, la mission du jury serait une mission périlleuse, ou, tout au moins,

de nature, par sa durée, à compromettre les intérêts pé-
cuniaires des jurés?

Soit! Eh bien! nous soutenons, pour l'honneur de la
propriété et des propriétaires de l'Algérie, que vous ne
manquerez pas d'hommes assez dévoués à nos institutions
civiles et à l'intérêt de la chose publique, pour briguer,
entendez-vous? pour briguer l'*honneur* de figurer parmi
les membres du jury spécial?

C'est qu'ici comme ailleurs, l'homme, le citoyen est
ainsi fait qu'il aime et qu'il recherche tout ce qui, aux
risques même de ses intérêts privés, le distingue aux
yeux de ses concitoyens! Il y a en lui, grâce à Dieu, une
fibre toujours vivante d'activité civique et de noble
ambition, qui est comme le son d'une âme sociale et libre.
Touchez à cette fibre, et vous l'entendrez retentir à tous
les degrés de l'échelle sociale.

C'est à elle que nous devons nos Conseils généraux,
nos Conseils municipaux; c'est à elle qu'il vous faut demander un *Jury spécial!*

Nierez-vous cet esprit public en Algérie? voici une
magnifique occasion de l'y répandre! soyez assez prudent
pour ne pas la laisser échapper.

Que si vous étiez du nombre de ces hommes moroses et
attardés qui désespèrent de l'avenir de notre colonie,
nous pourrions vous dire: Vous ne croyez pas au dévouement désintéressé de nos jurés! — Qu'à cela ne tienne!
Vous payez aujourd'hui des experts, — vous payerez vos
jurés!—A nos yeux et aux vôtres, le jury algérien ne sera
qu'un jury bâtard et, pour ainsi dire, découronné. — Mais
qu'importe? ce sera, après tout, un jury, et rigoureuse-
ment nous nous contenterons, s'il le faut, d'un jury de
cette sorte!

Mais parlons sérieusement! — D'après vous, l'Algérie
n'est pas assez avancée dans la vie publique pour avoir un
jury comme en France. — Mais alors que ne lui donnez-
vous ce qui, sous ce rapport, lui manque! — Et remarquez

que nous ne parlons pas ici *d'élection;* devant ce mot, vous pâliriez d'effroi : que serait-ce devant la chose? Nous ne voulons qu'une simple initiation à cette vie publique, puisque vie publique il y a, aussi nécessaire et aussi naturelle pour les sociétés, que pour les individus la vie privée.—Essayez, je vous prie, essayez de cette initiation, ne fût-ce que pour nous convaincre de l'inopportunité de nos prétentions ! — Vous ne l'oserez pas.—Et pourquoi ? pourquoi? vous le savez, parce que vous craignez que l'expérience ne donne un démenti à vos appréhensions, et n'apporte le décisif appoint d'un fait pratique à la démonstration théorique de notre thèse !

Nous objectera-t-on qu'à supposer que mieux que des experts, mieux que le tribunal, mieux que personne, nos jurés puissent évaluer le prix réel de tel ou tel immeuble, rien ne nous garantira qu'ils soient plus impartiaux que les experts, plus consciencieux que le tribunal? qu'il sera à craindre que l'esprit de coterie et d'opposition, l'espoir d'une réciprocité intéressée, le parti pris de se faire, en toute occasion, l'aveugle et complaisant champion des prétentions des propriétaires contre les prétentions de l'Etat, ne leur permettront que fort rarement de rendre des décisions entièrement conformes à la justice et à la vérité?

Accusation gratuite, renouvelée d'une époque déjà bien loin de nous, et qui, si elle pouvait être le moins du monde fondée, ne tendrait à rien de moins qu'à ajourner indéfiniment le règne du Droit commun et à ruiner dans tous les esprits, la bonne réputation, l'honneur, *l'existimatio* de l'Algérie! que dis-je? accusation absurde qui, à raison du nombre,— et de la moralité générale de la population algérienne, n'est pas même digne d'une réfutation !

Quoi donc! après trente ans d'occupation,—en 1860, on oserait prétendre que, dans n'importe quel arrondissement d'Algérie, il ne serait pas possible, facile même de trouver douze hommes aussi dignes que capables de remplir les

fonctions d'un jury d'expropriation! Mais prenez-y garde!
de grâce, mesurez la portée de votre accusation! Si elle
était, je ne dis pas fondée, mais tant soit peu vraisem-
blable, savez-vous ce qu'il vous resterait à faire dans ce
nouveau pays de Gomorrhe?—à appeler sur lui les foudres
vengeresses du Ciel, à la rendre à la barbarie d'où nous
l'avions un instant arrachée, — ou bien, la jetant pieds et
poings liés dans les étreintes de la fatalité islamique, à la
laisser descendre lentement la pente du désespoir, de la
ruine et de la mort, et à vous apprêter, nouvel Abraham,
à célébrer ses funérailles ! !

On dit : les experts estiment, les tribunaux jugent —
libre à ces derniers de modifier et même de rejeter l'estimation des experts; — leur pouvoir est, à cet égard, un
pouvoir discrétionnaire, absolu, illimité.

Fort bien ! mais là n'est pas la question. Ne nous par-
lez pas d'un pouvoir dictatorial! A ce pouvoir, nous pré-
férons un pouvoir intelligent et éclairé. Or, nous posons
en fait que, si intelligent qu'il soit, il ne sera guère
éclairé que par le travail des experts; il ne verra que par
leurs yeux, et que, lors même, chose rare ! lors même qu'il
s'écartera de leur avis, il acceptera leurs données — que
dis-je? dans la plupart des cas, suivant que les experts
auront ou non sa confiance, il haussera, baissera ou acceptera purement et simplement le *quantum* de leur estimation, comme s'il n'y avait pas d'expertise, ou comme
si cette expertise n'était qu'une première ou suréroga-
toire édition du jugement d'indemnité.

Et cela se comprend. Un tribunal, en général, n'est
pas doué de ces connaissances techniques qui seules per-
mettent une appréciation personnelle et raisonnée de
tous les éléments de valeur d'une propriété. De là, presque toujours, nécessité pour lui d'adopter ou de repous-
ser d'instinct, sans base certaine, les motifs et les conclusions du rapport des experts.

Insisterez-vous? direz-vous qu'après tout, appelé à contrôler le travail des experts, ceux-ci ne négligeront rien pour échapper à sa critique? — Contrôle! oui, mais, en général, contrôle de forme plutôt que de fond, souvent illusoire, quelquefois dangereux, presque toujours insuffisant.

Je sais bien que le tribunal, s'il n'est pas satisfait du rapport des experts, et même, dans tous les cas, pour éclairer, autant que possible, sa religion, pourra, soit en corps, soit en la personne de l'un de ses membres, descendre sur les lieux, objet de l'expertise, et là, en présence des experts, et en s'entourant de tels renseignements qu'il trouvera utiles ou convenables, chercher à connaître le véritable prix des immeubles expropriés. Mais quel que soit son amour de la vérité et de la justice, il ne lui sera pas toujours possible de puiser soit dans le travail des experts, soit dans les mémoires des parties, soit dans les conclusions du ministère public, soit même dans l'examen des lieux et l'assistance à l'expertise, les éléments indispensables pour la saine appréciation de la valeur immobilière et, par suite, de l'indemnité due à raison d'une expropriation. Sur ce point, j'en appellerais volontiers à l'expérience.

— Mais ces experts nommés par le tribunal, seront par lui choisis parmi les hommes les plus capables et les plus dignes de résoudre toutes les questions et toutes les difficultés qui se rattachent à la fixation de l'indemnité. D'accord! — Mais qui vous répond, qui répond au tribunal qu'ils seront *tous* à l'abri de toute influence extérieure, ou même intérieure? En admettant qu'ils remplissent toujours leur mission avec autant d'intelligence que de probité, qui vous dit que, même à leur insu, ils ne seront pas sous le coup d'impressions, et de considérations contraires à la vérité? Je vous concède qu'il n'en sera pas ainsi! — Pouvez-vous affirmer que l'opinion du plus intelligent et le plus instruit des trois n'entraînera pas, ne fera pas à elle seule l'opinion de ses deux collègues, de sorte qu'au lieu de trois opinions réelles fondues en une opinion unique, vous n'aurez qu'une opinion unique, résultat d'une opinion réelle et de deux opinions apparentes? On l'a remarqué avec raison, rien, théoriquement, ne présente plus de garanties de vérité qu'une délibération à plusieurs : mais pratiquement, et quand on va au fond des choses, si elle ne s'opère dans des conditions spéciales de nombre et de personnes, rien n'est trop souvent illusoire comme elle, parce que la vraie responsabilité, la responsabilité personnelle, en est absente! Eh! qu'importe qu'on soit trois numériquement, si pour mille raisons, on n'est *réellement* que deux ou même qu'un? Ici encore j'en appelle à l'expérience.

Mais, répliquent les adversaires d'un jury spécial d'expropriation, — votre jury qui, apparemment, est, lui aussi un corps délibérant, par quelle grâce d'état, par quel singulier privilége se soustraira-t-il aux effets, suivant vous, ordinaires, des corps délibérants?— Par la grâce, par le privilége du nombre.

A travers l'intelligence de douze hommes, la vérité, toutes choses égales, se fera plus facilement jour qu'à travers celle de trois ou de six hommes; et là où vous n'auriez qu'une seule chance d'arriver à la vérité, vous serez assuré d'en avoir deux. Mais à quoi bon insister? Cela ne se démontre pas : il suffit de compter.

Au surplus, de quoi s'agit-il? de savoir par qui et comment sera fixé le prix de l'immeuble exproprié, de déterminer ce que la loi appelle la *juste* et préalable *indemnité* dûe au propriétaire exproprié?

L'indemnité! Qu'est-ce que l'indemnité? le mot le dit : la réparation d'un préjudice ou d'un dommage : (*in damnum*) — Mais pouvez-vous *m'indemniser* réellement, *adequatement*, de la perte de tout ou partie de ma propriété?

Vous me dites : Mais il ne s'agit que d'un petit coin de terre, d'un angle exigu de maison, d'une part minime,

Indifférente, inutile peut-être, de votre chose ?—Un coin
de terre !—soit ! mais sachez que ce coin de terre a pour
moi une valeur inestimable, un prix d'affection que rien
ne pourra jamais compenser ! — Ce coin de terre.... mais
c'est un berceau, une tombe,— mon berceau et celui de
mes enfants, la tombe d'un aïeul ou d'un père bien aimé !
—Un angle de maison soit encore ! Mais j'y tiens comme
à une maison tout entière, bien plus, comme on tient au
plus vaste palais !—c'est là qu'était pour moi le Foyer de
de la Famille, le Sanctuaire de l'Amour, le Temple de
l'Amitié, *mon* rayon de soleil (1), le centre des plus doux,
des plus tendres, des plus affectueux, des plus agréables
sentiments!—Mais pour qui sent battre quelque chose, là,
sous sa mamelle gauche, tout cela, berceau, tombe, foyer,
temple, sanctuaire, soleil, tout cela, croyez-moi, ne se
compte, ni se pèse, ni se mesure ..! : qu'avec le cœur !

Est-ce tout ?—Coin de terre, angle de maison, tant qu'il
vous plaira ! mais à tort ou à raison, je ne veux pas vous
le vendre!—Que voulez-vous ? je suis un rêveur, un poëte,
un archéologue, un amateur de ruines ! c'est mon droit,
c'est l'exercice de ma liberté, — cela me plaît ! nul ne
peut y redire, — je suis propriétaire ! Et pourtant, vous,
Etat, au nom d'un intérêt général, au nom d'une utilité publique que je respecte, parce qu'elle doit l'emporter sur
mon intérêt particulier, sur mon utilité privée, — vous
m'enlevez ce droit, vous me privez de cette liberté, vous
paralysez dans mes mains cette propriété ! — Et vous ne
voulez pas qu'en échange, je vous demande une réparation, aussi juste, aussi exacte qu'il est humainement
parlant, possible de l'attendre !

Oh ! de grâce, qu'il ne soit plus entre nous question de
trois experts ! — trois experts ! — Mais je puis, je veux
en avoir douze ! — Et que faites-vous donc du Tribunal ?

(1) Allusion au mot célèbre de Diogène à Alexandre : *Paululum a
sole meo...*

— Je connais ses lumières, je proclame sa justice, — mais, même doublé de vos experts, il ne m'inspire pas la même confiance que mes douze jurés.

En voilà assez pour prouver que, rationnel et juridique, notre jury serait non moins possible qu'opportun.

Cela posé, nous n'avons plus qu'à en exposer succinctement l'organisation administrative et les fonctions judiciaires.

VI

Grâce à une inspiration dont elle gardera une éternelle gratitude à son premier Ministre spécial, l'Algérie a un Conseil général pour chacun de ses départements, ou, si l'on aime mieux, pour chacune de ses trois provinces. Au Conseil général appartiendrait le droit de dresser chaque année, dès l'ouverture de sa session, et pour chaque arrondissement, une liste composée des noms les plus honorables et les plus connus parmi les propriétaires, les agriculteurs, et, dans une certaine proportion, les commerçants et les industriels, — établis, domiciliés *réellement* depuis cinq ans, et résidant dans l'arrondissement de leur domicile, âgés de trente ans au moins, Européens, remplissant les conditions générales des jurés de France.

Sur cette liste, la Cour impériale d'Alger, ou le tribunal de première instance de chaque arrondissement, choisirait les membres du jury spécial, ainsi que les jurés supplémentaires.

Pour tout ce qui concerne l'organisation, le fonctionnement de ce jury, les formes de ses décisions, les recours contre ses *verdicts*, on appliquerait à l'Algérie, sans presque rien y changer, les chapitres II et III de la loi de 1841.

Quant aux frais de transports, les seuls qui seraient

alloués à nos jurés, on suivrait le chapitre III de l'ordonnance royale du 18 septembre 1833.

Introductive d'un droit nouveau, mais non sans analogie avec le droit antérieur sur cette matière, la loi de 1841 pourrait, sans difficulté, être promulguée en Algérie. Greffée sur l'ordonnance de 1844, elle y prendrait la place de toutes les prescriptions de cette ordonnance qui seraient incompatibles avec celles de cette loi — et elle n'aurait qu'à les abroger par voie de disposition générale et supplémentaire.

Ainsi modifiée, et même perfectionnée, notre législation sur l'expropriation publique serait, en même temps qu'un important progrès, un notable bienfait pour l'Algérie. — Laissons de côté, si l'on veut, l'avantage pour la propriété d'être désormais mieux appréciée et plus justement évaluée. — Par cela seul qu'elle serait, plus directement que par le passé, placée sous la sauvegarde de la législation française, la propriété algérienne participerait de la constitution et de l'importance de la propriété métropolitaine. — Elle s'affranchirait de toute entrave coloniale : elle entrerait dans une voie de pleine émancipation ; — elle se sentirait et se proclamerait majeure.

Il y a plus ! — Ainsi devenue libre et française, elle exercerait plus que jamais sur les capitalistes de France et de l'Étranger, cette attraction irrésistible, comme celle qu'exerce toute terre française, qui, jointe au charme de son climat privilégié, contribuerait puissamment à la solution du problème du peuplement de l'Algérie. — Jusqu'ici, sœur cadette de la propriété de France, elle mériterait bientôt, peut-être, d'être appelée sa sœur jumelle. — Son égale devant la loi, son égale devant l'avenir, elle se souviendrait qu'elle peut l'être encore et par la fertilité de son sol jet par la variété de ses produits : alors, mais alors seulement, elle appellerait, elle grouperait, elle fixerait sur son sein une population nombreuse, laborieuse, agricole, dévouée, — pépinière sans cesse renaissante de colons sérieux, courageux et persévérants, indissolublement liés au sol, et dont la seconde génération ne connaîtrait plus d'autre patrie que celle que ses pères auraient créée sur une terre conquise par leur travail et fécondée par leurs sueurs.

Aussi, comme les Colonies dont parle Tacite, l'Algérie de 1860 adresse-t-elle à la France par la voix de chacun de ses habitants, cette instante prière (1) :

« Propriétaire, et demandeur en fixation d'indemnité à raison de ma propriété, je désire, je veux être jugé par mes pairs, par des *propriétaires!* Ainsi le veut la raison, ainsi le demande l'opinion publique, ainsi le réclament les besoins et les mœurs de l'Algérie! Le puis-je? Si *non*, question de temps et rien de plus. Si *oui*, ce que je veux devient un droit pour moi, un devoir pour l'État! Que te faut-il encore, ô France! pour implanter définitivement sur le sol algérien, — ce sol préparé par dix ans d'expropriation provisoire et restreinte, — le large droit d'expropriation de ton propre sol? On disait autrefois de Dieu, Puissance infinie, Intelligence suprême, Raison souveraine des choses « Il était convenable qu'il fît ceci ou cela, donc il l'a fait : *Decuit, ergo fecit.* » Et, armé de cet argument moitié théologique, moitié philosophique, la Raison humaine agrandissait ses horizons, reculait les limites de son domaine. Plus heureux que *Duns Scott*, au lieu de n'appuyer mes vœux que sur un argument logique, je puis encore l'appuyer sur des arguments de faits. Ce que je te demande, c'est, à bien des égards, ce que possédait Ron... avec ses *Récupérateurs* (2), la France de saint Louis avec ses *Preu-d'hommes* (3), — ce qu'a la France du 19e siècle avec son *Jury spécial*, — le droit pour le propriétaire *exproprié* et qui veut être *indemnisé* d'être *entendu* et *jugé* par des *propriétaires!* »

(1) *Preces coloniarum.*
(2) Frontin, *De aquæd.*, n° 125.
(3) Beaumanoir, *Coutumes du Beauvoisis*, chap. XXII.

Ce Droit, la France l'a péniblement, laborieusement conquis. Aujourd'hui elle en jouit, et nous ne sachions pas qu'elle en ait abusé. Pourquoi l'Algérie, cette seconde France, n'en jouirait-elle pas, elle aussi? Nous l'avons prouvé, elle en est digne, elle en est capable. Elle le peut, elle le veut, et tout concourt pour en montrer la haute opportunité. Concluons donc que la logique n'est qu'un mot, — ou que l'Algérie ne doit pas tarder plus long-temps d'en être dotée et d'en jouir.... *comme* la France.

Nous avons glissé à dessein sur les origines historiques de l'Expropriation publique et de l'Indemnité — d'abord, parce que les bornes d'une simple *Esquisse* ne comportaient pas des développements qui n'étaient pas indispensables à notre thèse, — et ensuite, parce qu'à nos yeux, l'absence de textes formels et précis sur ce point, dans les Législations anciennes, est peut-être le plus invincible argument en faveur de l'existence de ces droits dans l'Antiquité. — Comment, en effet, concevoir l'*idée* d'une *société* régulière, d'un Etat, sans le *fait* du sacrifice *indemnisé* du bien particulier et individuel au bien public et *social?*

Nous aimons l'Erudition, et nous croyons avoir plus d'une fois prouvé que nous ne la dédaignons pas, — mais c'est à la double condition — qu'elle *soit* ou *puisse* être utile, — et que, Diogène à rebours, elle ne s'évertue pas à *chercher* naïvement et vainement ce qui n'a pas besoin d'être *trouvé*.

« Pourquoi chercher la mer au milieu de ses flots? »

Documents manquants (pages, cahiers...)

NF Z 43-120-13